岁时文化

◎ 主编 金开诚

◎ 编著 孙浩宇
　　　 闫琳琳

吉林出版集团
吉林文史出版社

图书在版编目（CIP）数据

岁时文化 / 金开诚著. —— 长春：吉林文史出版社，
2011.10（2023.4重印）

（中国文化知识读本）

ISBN 978-7-5472-0864-9

Ⅰ．①岁… Ⅱ．①金… Ⅲ．①节令－风俗习惯－介绍
－中国 Ⅳ．①K892.18

中国版本图书馆CIP数据核字（2011）第207021号

岁时文化

SUI SHI WENHUA

主编/金开诚 编著/孙浩宇 闫琳琳

项目负责/崔博华 责任编辑/崔博华 梁丹丹

责任校对/梁丹丹 装帧设计/李岩冰 赵 星

出版发行/吉林出版集团有限责任公司 吉林文史出版社

地址/长春市福祉大路5788号 邮编/130000

印刷/天津市天玺印务有限公司

版次/2011年10月第1版 印次/2023年4月第3次印刷

开本/660mm×915mm 1/16

印张/9 字数/30千

书号/ISBN 978-7-5472-0864-9

定价/34.80元

前　言

　　文化是一种社会现象，是人类物质文明和精神文明有机融合的产物；同时又是一种历史现象，是社会的历史沉积。当今世界，随着经济全球化进程的加快，人们也越来越重视本民族的文化。我们只有加强对本民族文化的继承和创新，才能更好地弘扬民族精神，增强民族凝聚力。历史经验告诉我们，任何一个民族要想屹立于世界民族之林，必须具有自尊、自信、自强的民族意识。文化是维系一个民族生存和发展的强大动力。一个民族的存在依赖文化，文化的解体就是一个民族的消亡。

　　随着我国综合国力的日益强大，广大民众对重塑民族自尊心和自豪感的愿望日益迫切。作为民族大家庭中的一员，将源远流长、博大精深的中国文化继承并传播给广大群众，特别是青年一代，是我们出版人义不容辞的责任。

　　本套丛书是由吉林文史出版社组织国内知名专家学者编写的一套旨在传播中华五千年优秀传统文化，提高全民文化修养的大型知识读本。该书在深入挖掘和整理中华优秀传统文化成果的同时，结合社会发展，注入了时代精神。书中优美生动的文字、简明通俗的语言、图文并茂的形式，把中国文化中的物态文化、制度文化、行为文化、精神文化等知识要点全面展示给读者。点点滴滴的文化知识仿佛颗颗繁星，组成了灿烂辉煌的中国文化的天穹。

　　希望本书能为弘扬中华五千年优秀传统文化、增强各民族团结、构建社会主义和谐社会尽一份绵薄之力，也坚信我们的中华民族一定能够早日实现伟大复兴！

目录

一、悠久的岁时文化

在讲究天人合一的中华文化中，岁时文化是与我们的文明相伴而生的，其历史之悠久，内涵之丰厚，生命力之强大，已成为与我们日常生活、意识、情感紧密联系又蓬勃律动的鲜活因素。

追根溯源，"岁"的本意有些出人意料，它原指我国上古时期一种残酷的砍人双足的刑罚。当时的统治者每年都要举行一次大规模的祭祀活动，而这种祭祀

活动就包括杀人祭祀。

后来，"岁"就被假借为祭祀之礼的代称。逐渐地，"岁"字也具有了"年"的含义，于是"岁"就衍生出岁月、时间的意思。由此可见，广义的"岁时"就是时间、岁月；狭义的"岁时"就是指与我们的生活与文明相关，被赋予丰富文化内涵和感情寄托的节气、节日，而"岁时文化"也就是以"岁时"为中心，富含着情感、心理、历史和现实的各种活动与意识的总和。

我们的古代先民通过观察大自然的变化以及斗转星移的运行规律而进行农耕的生产活动，岁时文化也正是以此为内核不断丰富发展的。春节团圆，回家

过年；中秋的月饼；腊八的粥；端午的赛龙舟；重阳要登高望远，这些都已成为现代人潜移默化的习惯。由岁

时延伸而形成的中华传统文化的方方面面其实已内化为我们民族的文化心理。今天，在高扬传统、奋进复兴的伟大进程中，多了解一些岁时文化，不仅是提醒我们加强对岁时规律的认识，加深对历史文化意蕴的把握，更有利于唤起我们民族的荣誉感和自豪感，增进我们对传统文化的理解。

中华文明的起源是农耕文明，农耕是要遵守岁时规律的。中华民族是最早准确掌握岁时，并尊重和遵从岁时规律去

发展农事的民族。成熟的农耕技术哺育了一代代中华儿女，也成就了中华民族五千年辉煌灿烂的文明。而岁时文化也在文明传承的过程中，不断凝聚、丰富，具有了浓郁的民族内涵。

（一）二十四节气与农耕文明

在中华文明的演进过程中，节气规律起着很重要的作用。这从人们口传的很多歌谣、农谚就可看出。像二十四节气歌："春雨惊春清谷天，夏满芒夏暑相连，秋处露秋寒霜降，冬雪雪冬小大寒。每月两天日期定，最多相差一两天，上半年来六廿一，下半年是八廿三。"这按照黄河流

域物候总结的二十四节气有着悠久的历史。远在春秋时代，就定出仲春、仲夏、仲秋和仲冬四个节气。通过后人不断改进与完善，到秦汉年间，二十四节气已完全确立。公元前104年，由邓平等制定的《太初历》，正式把二十四节气定于历法，明确了二十四节气的天文位置。除了二十四节气歌，还有二十四节气诗："西园梅放立春先，云镇霄光雨水连。惊蛰初交河跃鲤，春分蝴蝶梦花间。清明时放风筝好，谷雨西厢宜养蚕。牡丹立夏花零落，玉簪小满布庭前。隔溪芒种渔家乐，农田耕耘夏至间。小暑白罗衫着体，望河大暑对风眠。立秋向日葵花放，处暑西楼听晚蝉。翡翠园中沾白露，秋分折桂月华天。枯山寒露惊鸿雁，

霜降芦花红蓼滩。立冬畅饮麒麟阁，绣襦小雪咏诗篇。幽阁大雪红炉暖，冬至琵琶懒去弹。小寒高卧邯郸梦，捧雪飘空交大寒。"其中形象地描画了不同节气里的风物变化，科学而有趣。

更能体现节气与农事关系的是二十四节气农事歌。如其中所说的：

立春：立春春打六九头，春播备耕早动手，一年之计在于春，农业生产创高优。

雨水：雨水春雨贵如油，顶凌耙耱防墒流，多积肥料多打粮，精选良种夺丰收。

惊蛰：惊蛰天暖地气开，冬眠蛰虫苏醒来，冬麦镇压来保墒，耕地耙耱种春麦。

春分：春分风多雨水少，土地解冻起春潮，稻田平整早翻晒，冬麦返青把水浇。

清明：清明春始草青青，种瓜点豆好时辰，植树造林种甜菜，水稻育秧选好种。

谷雨：谷雨雪断霜未断，杂粮播种莫迟延，家燕归来淌头水，苗圃枝接耕果园。

立夏：立夏麦苗节节高，平田整地栽稻苗，中耕除草把墒保，温棚防风要管好。

小满：小满温和春意浓，防治蚜虫麦秆蝇，稻田追肥促分蘖，抓绒剪毛防冷风。

芒种：芒种雨少气温高，玉米间苗和定苗，糜谷荞麦抢墒种，稻田中耕勤除草。

夏至：夏至夏始冰雹猛，拔杂去劣选好种，消雹增雨干热风，玉米追肥防黏虫。

都恰切地抓住了二十四节气与农事活动的规律，反映了我国劳动人民的经验和智慧。

我国幅员辽阔，不同的地域气候差别很大，这就导致了各地物候"同时而不同气"，在农事活动和风物上也自然存在差别。像华北地区就有"秋分早，霜降迟，寒露种麦正当时""清明前后，种瓜种豆""植树造林，莫过清明"。而江浙地区则有"白露身勿露，赤膊变猪猡""寒

露脚勿露"。这其中包含了多方面的文化因素，不仅可看出气候的不同，也能反映各地方言俗语的差

别，富有文化意味。黄河中下游有《九九歌》："一九、二九不出手；三九、四九河上走；五九、六九沿河望柳；七九河开，八九雁来；九九又一九，耕牛遍地走。"而东北农谚中则有"立夏鹅毛住，小满雀来全，芒种开了铲，夏至不拿棉""白露烟上架，秋分不生田""立冬交十月，小雪地封严"之说，可见这些谚语、歌谣是人们在当地的生活和农耕生产中的经验总结，也充分说明了节气、物候与农业生产和社会生活的密切关系。

二十四节气作为自古以来人们对农事活动的规律总结，也是中华民族农耕

文明特色的体现。我们的先民通过长年的农耕作业，不断积累经验，并参照天文地理，发明了历法，制定了节气，这些宝贵的物候规律至今仍然指导着我们今天的农事和日常生活，民以食为天，农事自来为天下之本，风调雨顺、五谷丰登在今天看依然是我们建设和谐社会、实现民族繁荣富强的基础。

（二）岁时文化的人文内涵

岁时文化除了指人们对自然规律的把握，在"天人合一"的中国文化体系中，也有由岁时所衍生出的节日、节庆等人文内涵。《庄子·达生》曰："天地者，万物

之父母也。"《易经》中强调天、地、人"三才"之道，说天之道在于"始万物"，地之道

在于"生万物"，人之道的作用在于"成万物"。到了董仲舒更是明确提出："天人之际，合而为一。"可见，岁时文化的科学性在于其具有指导意义的自然规律，而其更为丰富的人文内涵则在于，通过岁时的节日、节庆活动理顺或改善人与自然、人与人之间的关系，并借此促进了民众对岁时的感悟，增进了对我国传统文化的理解。

在不断积淀的岁时文化中，既有上古的神话传说，也有真实的历史事件，既有奉若神明、玄之又玄的天帝意志，又有脚踏实地、充满体验和期待的人类意愿。

这些文化的积累和创造一直服务着民众的生产、生活和生存，指引着人们的精神生活，使得岁时文化的自然性和人文性浑然地结合在一起。岁时文化中的很多民风、习俗也都恰好体现了二者的结合。比如：清明节为什么要祭祖？元宵节为什么要吃元宵？……这些问题看似简单，但其中都凝聚了我们的民族信仰和文化特色，具有多重的文化内涵。

我们知道，中国传统文化中尤其重视宗亲，讲求慎终追远，注重宗族间的互动与联系。于是就习惯在清明进行"春祭"。为了追思祖先，人们会在清明这天举行家族宗祭仪式，并在各宗亲祠社或野外坟场举行仪式以告慰祖先之灵。这种春祭的仪式
到了南宋变得
格外隆重而意
味深长，由于
契丹、女真、
蒙古等北方民
族的强大，宋
政权和汉人不
得已南移，政治文化中心的转移，也迫使
北方汉人需将祖先的坟墓南迁，汉人怀
念故土，于是祭祖的仪式就因为承载了
更多寄托，变得尤为重要。扫墓就成为祭
祖的一种风习。每年到了清明，人们就要
携带酒食果品、纸钱等物品到墓地，将食
物供祭在亲人墓前，再将纸钱焚化，为坟
墓培上新土，折几枝嫩绿的新枝插在坟
上，然后叩头行礼祭拜，最后吃掉酒食回
家。

至于元宵节，有"上元节""灯
节""元夕"等名，因为是农历正月十五，

这一天的晚上月亮是圆的，而在现代汉语中，元宵中的"元"和月圆的"圆"属于同音字，而且元宵节又恰好是新年的第一个月圆之夜。因此在人们的心里，这就寓意着在新的一年里全家团圆、和睦、美满。于是就有了元宵节吃元宵的习俗。

其实，每一个节日，每一个风俗，每一种习惯的意义也都因这种悠久的人文内涵的积淀和美好愿望的承载而变得深刻，这也是岁时文化或说中国传统文化的魅力所在。

（三）岁时文化的民族心理

岁时文化是我国传统文化的一个重

要组成部分，因为是在特定的自然环境、经济发展、社会结构、政治制度等因素下孕育、发生

并传承的，岁时文化也自然具有民族特色。各种节日中丰富的情感和精神寄托构成了我们岁时文化中的民族性和文化精神。

像清明前的寒食节，就流传着一个动人的故事。春秋战国时期，晋文公重耳早年曾流亡国外。原来跟他一道出奔的臣子纷纷离去，只剩下少数几个人忠心耿耿，不离不弃。其中一个叫介子推。有一次重耳饿晕了，介子推为了救他，从自己腿上割下了一块肉，烤熟了给重耳吃。重耳执政做了晋文公，对手下臣子大加封赏，唯独忘了介子推。后来他忆起旧事，惭愧无

比，马上差人去请介子推。为了躲避，介子推背着母亲躲进了绵山（今山西介休县东南）。晋文公便让御林军上山搜索，没有找到。后来就放火烧山，三面点火，留下一方，逼介子推下山。孰料大火烧了三天三夜，大火熄灭后，也没见介子推下来。上山一看，介子推母子俩抱着一棵烧焦的大柳树已经死了。晋文公望着介子推的尸体哭拜一阵，然后安葬遗体，发现介子推脊梁堵着个柳树树洞。里面一片衣襟，题有血诗一首："割肉奉君尽丹心，但愿主公常清明。柳下作鬼终不见，强似伴君作谏臣。倘若主公心有我，忆我之时常自省。臣在九泉心无愧，勤政清明复清明。"晋文公深为感动。为了纪念介子推，晋文公下令

将绵山改为"介山"，并把放火
烧山的这一天定为寒食节，每年
这天禁忌烟火，只吃寒食。晋文
公还伐了一段烧焦的柳木，做成
木屐，每天望着它叹道："悲哉足
下。""足下"作为古代下级对上
级或同辈之间相互尊敬的称呼，
据说就源于此。第二年，晋文公
登山祭奠介子推。发现坟前的那
棵老柳树重新复活，绿枝千条，
随风飘舞。晋文公望树如人，他

敬重地掐了一根柳枝，编了一个圈儿戴在
头上。从此，便有了"寒食节"，也便有了
寒食、祭祀、摘柳的习俗，介子推的故事
正诠释了儒家文化中崇尚臣贤主明、推重
节义的民族文化心理。

　　大家非常熟悉端午节要吃粽子、赛
龙舟，其中的故事最早出自南朝梁代吴
均《续齐谐记》和南朝宗懔《荆楚岁时
记》。据说，三闾大夫屈原投汨罗江正值

五月，当地百姓闻讯捞救，一直划船至洞庭湖也不见大夫的尸体。此时正是雨天，湖面上的小舟都汇集过来，人们得知是打捞贤臣屈原大夫时，再次争相划进洞庭湖。这就是龙舟竞赛的由来。百姓怕江河里的鱼吃掉屈原的身体，就纷纷回家拿米团投入江中，以喂鱼虾，这就演变成端午吃粽子的习俗。唐代文秀《端午》诗为证："节分端午自谁言，万古传闻为屈原。堪笑楚江空渺渺，不能洗得直臣冤。"

在江浙还有这样一个传说。春秋时吴国有个忠臣伍子胥，他本是楚国人，因父兄为楚王所杀，于是投奔吴国，助吴伐楚，在家恨国仇的激励下，伍子胥五战就攻破了楚的郢都，报了父兄之仇，吴国国

势大振。吴王阖闾死后，其孙夫差即位，吴军又大败越国，夫差答应了越王勾践的请和。伍子胥则建议消灭越国以绝后患，夫差不听，反听信谗言，赐死了伍子胥。子胥视死如归，临终遗言："我死后，将我眼睛挖出悬挂在吴京之东门上，以看越国军队入城灭吴。"夫差闻言大怒，将其尸体装在皮革里投入大江，世人遂将投江的五月五日定为端午节以纪念忠良。

可见，无论是屈原还是伍子胥，人们之所以确立节日为之纪念，都是出于中华文化中推重贤良忠义的价值标准。而这些感人的故事也构成了传统节日中丰富的文化意味，成为人们的价值标准和道德砥砺。不同的节日给人们的心理感受会有

所不同，用心去体味这些故事，体验民族心理的积淀，也会有利于丰盈我们今天的文化建设和文明建设。

（四）岁时文化的生命气质

因为岁时文化的产生与农耕文明息息相关，又融入了丰富的人文内涵，所以岁时文化具有浓郁的生命气质。日出而作，日入而息，春华秋实，夏耘冬藏，于是有了岁时意识，有了岁时的自然规律。人们对岁时规律的遵循不仅在于农事活动的以农为本，更在于天地人三者的相和以及其中的人本观念，这是岁时文化强烈的生命气质和文化因素所在。岁时、节气、节日能历经中华文化的长河流传至今，也正是因为岁时文化有强大的生命力。

人日、清明、夏至，直到元旦、除夕。每个节日都会有一段渊源故事、古老传说，反映着我们民族的文化情趣、传统习惯和道德风尚，也寄托着人们的美好憧憬。多数的节日和节庆都是源自纪念祈福活动和祭祀宗教活动。像我们之前讲的清明和端午，都是因为一个人物而成为整个民族的文化信仰和生命气质。

再如上元节、中元节、下元节也都体现出以人为本的意识。上元节就是元宵节，这天人们要吃汤圆、猜灯谜、出去走一走，为的是"悠百病"，祛病强身。像灯谜不仅使元宵节变得热闹，也更富有文

化趣味，古往今来很多故事都发生在元宵佳节。时光回到宋朝，据说有一年元宵，猜谜高手苏东坡派侍女去好友佛印处取一样东西，侍女问是何物，东坡说你只要头戴草帽，脚蹬木屐去，佛印就会明白。侍女依言前去，佛印就交给她一包茶叶。侍女还在迷惑，佛印说出底细，原来东坡这是设了一个巧谜，上"草"下"木"中间"人"就是"茶"。类似的灯谜趣闻在传统文化中还有很多。如我们熟悉的《红楼梦》里，贾府就常在元宵节进行猜谜活动，可见这种有趣的活动深受人们喜欢。

"下元节"又称"鬼节"，"鬼"是中国传统文化的特色，虽然西方文化也有"鬼"一说，但其深刻广泛远无法与中国的相比。《论语·先进》中孔子说："未能事人，焉能事鬼？"可见在中国文化中

"鬼"只是人的一个影子，无论形象、禀性还是意识、观念都与人是同构的，丰富的鬼文化是中国文化生命气质的另一种体现。远古时候人们认为在七月初一"开鬼门关"，到七月三十"闭鬼门关"，在这一个月里，所有的鬼魂都从另一个世界出来领取祭物，于是人间便要举行"普度"的祭祀仪式，以便安顿这些鬼魂。而其中以"目连作盂兰盆以救其母"的传说尤具代表性，带有浓厚的儒家"孝道"色彩。

漫溯时光之旅，人们总是把美好的理想、智慧与对道德伦理的追求和向往都合并到岁时文化中。无论是感受、祈福，还是赎罪、解困，都是以生命体验为基础的。以人为本，以生命气质为内核，这是中国岁时文化的本质特征。

二、岁时文化的四季

（一）春：

"一年之计在于春，一日之计在于晨。"春为岁首，春是四季的开始。一元复始，万象更新，春天万物复苏，到处都充满了生命的气息。而没有春的蓬勃律动，也就没有秋的丰富收获，下面让我们走进春的黄金时节，来揭开岁时文化的第一页。

1.立春，万物苏醒之始。

立春是二十四节气之首，作为传统节日，立春古称立春节。《礼记·月令》中说："立春之日，天子亲帅三公九卿诸侯大夫以迎春于东郊。"可见古礼中立春的隆重，这与古人强烈的敬天保民意识有关。在这个十分重要的节日里，皇帝需要率领百官到东郊迎接春天的到来，期盼五谷丰登。

唐代皇帝还有在立春日率领群臣游园的习俗。诗人沈佺期在《奉和立春游苑迎春》写有"东郊暂转迎春仗，上苑初飞行庆杯……林中觅草才生蕙，殿里争花并是梅。"可见，春日饮春酒、赏春光已成上下皆好的雅事。

还有两项有趣的立春活动，一个是剪

彩胜，一是吃春盘。彩胜，又名踩胜、金胜等，彩胜插于鬓发间，男女皆宜，使人增添了青春的

风采。追慕青春人人皆爱，皇帝也不能免俗。唐代有"燕许大手笔"之称的苏颋在《立春日侍宴内出剪彩花应制》中写道："晓入宜春苑，秾芳吐禁中。剪刀因裂素，妆粉为开红。彩异惊流雪，香饶点便风。裁成识天意，万物与花同。"宋之问也有《奉和立春日侍宴内出剪彩花应制》："金阁妆新杏，琼筵弄绮梅。人间都未识，天上忽先开。蝶绕香丝住，蜂怜艳粉回。今年春色早，应为剪刀催。"将剪彩胜与剪春相提并论，玲珑有趣，妙笔天成，由此可想大诗人贺知章能写出"二月春风似剪刀"的妙句也不难理解了。

吃春盘的习俗，最早可追溯到晋代，因用五种辛味菜配成，故又称"五辛盘"。杜甫的《立春》很有名："春日春盘细生菜，忽忆两京梅发时。盘出高门行白玉，菜传纤手送春丝。"白居易有"二日立春人七日，盘蔬饼饵逐时新。……乡园节岁应堪重，……何由得见洛阳春？"春日吃春盘却勾起了诗人的乡思，可谓别有滋味在心头。如今在北方，立春这一天，还流行着打"春饼"、吃"春饼"的习俗，所以立春也被称为"打春"。

古人认为立春时节一旦到来，就意味着水暖三分，阳气上浮，草木开始萌动。所谓："春饮一杯酒，便吟春日诗。木梢寒未觉，地脉暖先知。"（唐·曹松）大诗人白居易也有"立春后五日，春态纷婀娜""柳色早黄浅，水文新绿微"的妙句，春为岁首，开门见春，人们重视立春更多是因为对春天的期盼，对生命的热爱。

2.春节,年末相聚之时。

爆竹一声除旧,桃符万户更新。春节,是中华民族最隆重的传统节日,在五十六

个民族中具有广泛的共通性。古时我国的春节相当于"元日",《礼记·月令》讲:"是月也,天子乃以元日祈谷于上帝。乃择元辰,天子亲载耒耜,措之于参保介之御间,帅三公九卿诸侯大夫,躬耕帝藉。"古时的节日大都跟农耕有关,春节也不例外,尤其皇帝还要亲耕示范。这种春节的隆重仪礼历代不衰,唐代诗人张祜《元日仗》写道:"文武千官岁仗兵,万方同轨奏升平。上皇一御含元殿,丹凤门开白日明。"虽然到了唐代皇帝不再示耕,但重视农耕的仪式仍在。后来,我们国家推行了西

历,便有了"元旦"。春节也成了农历正月初一的专指。

现在把春节也称做"过年",这也是农事活动的一个遗留。"年"是谷物成熟的意思,在甲骨文、金文里,"年"字都是果实丰收的样子。可见"过年"原是丰收喜庆的意思,后来就与岁并称了。

春节发展到现代文明的今天,农耕意味已经减少,随着人们的活动由安土重迁发展到四海为家,"春节"逐渐演变成难得的团圆假日。千里万里,回家过年,于是便有了浩浩荡荡的春运风景。父母儿女一顿年夜饭,杯盘共笑语,畅饮在樽前,春

节潜移默化成
了现代人心中
"家"和"根"
的象征，其情
感维系的意味
得到了强化。
而春节的含义
也包括了大年

三十，即"除夕"，甚至包括从腊月二十三
（俗称：祭灶、小年）到正月初五（俗称：
破五）的一段假日，繁忙的现代生活，春节
成了人们团聚、放松的美好时光。

3.元宵，全家团圆之时。

元宵节即正月十五，俗称"灯节"，又
称"上元节"。元宵节的起源可追溯到汉
朝。据史载汉高祖刘邦驾崩，吕后篡权。
而吕后亡故后，周勃等人扫除了吕后的党
羽，拥刘恒（即汉文帝）为帝。因为扫除吕
后党羽的日子是正月十五日，所以每到这
天晚上，文帝就微服出宫，与民同乐来纪

念这一天。在古代，夜的意思同"宵"，正月又称元月，汉文帝就将正月十五定为"元宵"。

正月十五是一年中第一个月圆之夜，每逢元宵佳节，人们都会举行各种各样的活动，比如：吃元宵、赏花灯、猜灯谜等。这些传统的活动，一直流传至今。元宵节也成为最丰富热闹的节日。元宵在文人笔下更是多彩多情。南北朝时的大诗人庾信有《步虚词十首》，两次写到元宵："汉帝看桃核，齐侯问枣花。上元应送酒，来向蔡经家。""上元风雨散，中天歌吹分。虚驾千寻上，空香万里闻。"唐代诗人韩偓有："元宵清景亚元正，丝雨霏霏向晚倾。桂兔韬光云叶重，烛龙衔耀月轮明。"雨中的元夜情景独特。而诗人羊士谔的"山郭通衢隘，瑶坛紫府深。灯花助春意，舞绥织欢心"，就是一派欢腾热闹、歌舞升平的景象了。

描写元宵最脍炙人口的词，要算大词人辛弃疾的《青玉案·元夕》了：

东风夜放花千树。更吹落、星如雨。宝马雕车香满路。凤箫声动，玉壶光转，一夜鱼龙舞。蛾儿雪柳黄金缕，笑语盈盈暗香去。众里寻他千百度，蓦然回首，那人却在，灯火阑珊处。

元宵佳节一派风光旖旎的胜景，而且情韵流转，别有风情。元宵故事多，还记得那首《生查子》："去年元夜时，花市灯如昼。月上柳梢头，人约黄昏后。今年元夜时，月与灯依旧。不见去年人，泪满春衫袖。"这是怎样一个缠绵悱恻的爱情故

事,人们尽可展开想象的翅膀。

古时候,有些地方还盛行牵钩(拔河)的竞技活动。老北京有妇女"走桥"的习俗。其他诸如盘杠子、跑竹马等,元宵的活动丰富多彩,看者赏心悦目,演者强身健体。像踩高跷一直流传到今天,清代以来,高跷又分文、武两类,文跷以走唱为主,表演者扮成樵夫、村姑、和桑、媒婆、老汉、书生等角色,手执扁担、手帕、折扇等道具,边走边唱,形体动作不多;而武跷则能做倒立、劈叉、跳高桌、叠罗汉等惊险表演,直到今天高跷依然是我们元宵节民间活动的保留节目,很受人们喜爱。

4.人日,聚友共饮之时。

与当今文化风俗不同,"人日"这个节日在古代备受重视,其原因跟古时田园

牧歌式的农耕生活有关。人日（又叫七元），在我国至少有两千年的历史，汉朝有"岁正月一日

占鸡，二日占狗，三日占猪，四日占羊，五日占牛，六日占马，七日占人"（汉·东方朔《占书》），故正月七日可以称之为"人日"，这有点像《圣经》里上帝制造世界的意味，人日后来居上，以其主观能动性和创造力主宰着世界。而古人认为人是诞生在群畜之后的，故更高贵，更值得珍惜。民间流传着一种说法：正月初七晴，则预示着人丁兴旺。

古代人日时，人们会将芹菜、荠菜、菠菜、青葱、大蒜等七种菜煮成羹，吃这种七菜羹可以祛病辟邪，全家平安。孟浩然《人日登南阳驿门亭子怀汉川诸友》写

道："剪花惊岁早，看柳讶春迟。"戴叔伦《和汴州李相公勉人日喜春》有："独献菜羹怜应节，遍传金胜喜逢人。"韩愈《人日城南登高》有："盘蔬冬春杂，尊酒清浊共。"可见唐朝时人们就有登高望春、吃菜羹、传金胜的习俗。宋之问《军中人日登高赠房明府》："泾水桥南柳欲黄，杜陵城北花应满。长安昨夜寄春衣，短翮登兹一望归。"高适有："人日题诗寄草堂，遥怜故人思故乡。"诗人远望当归，尤见佳节思人思乡的深切情怀。剪彩胜是古人春日里的颇有兴致的活动，而人日要剪人胜，李商隐《人日即事》里说："镂金作胜传荆俗，

剪彩为人起晋风。"用五彩绢绸或金箔剪成人形，贴在屏风上或插戴在鬓发上，并且到处张贴以

表示庆贺，为家人祈福。唐高宗李治有一次在人日这天于大明宫里宴会群臣并赐彩缕人胜。李适写道："宝帐金屏人已帖，图花学鸟胜初裁。"苏颋有："初年竞贴宜春胜，长命先浮献寿杯。"人们庆祝人日目的是祈求长寿。现在老一辈们还流传着正月初七管小孩儿，正月十七管中年，正月二十七管老年的说法，因此正月初七家家户户会做各种各样的面食，以祈求小孩子健康平安。

5.社日，祭祀社神之日。

也叫春社，是立春后的第五个戊日，

约在春分前后。社神，即土地神，古人在春天里祭祀以祈求丰收，希望一年顺利。

关于社日的来历，还有一个古老的传说。据《礼记·祭法》载："共工氏之霸九州也，其子曰后土，能平九州，故祀以为社。"相传社神原名叫勾龙，是水神共工的儿子。共工脾气暴烈。和天神打仗，弄得天崩地裂。最后女娲炼了五色石来补天。勾龙见父亲共工撞塌了天，造成洪水泛滥，心里非常难过。当女娲将天补好之后，他就把九州的大裂缝填平。黄帝便由此选中了他，封他一个官叫后土，让他拿着丈量土地的绳子，专门管理四面八方的土地，也就成了人们所称的社神。而土地从古到今都是国家和人民赖以生存的基础，是人民生命存在的最基本的条件，所以在古时候人们就要进行祭祀社神的活动，代代相沿，成为习俗。

汉代《白虎通义·社稷》说："封土立社，示有土也。"君王自立的社称"王社"，君王为百姓立的社称"大社"。王社是依据古代盖天说的理论"天圆地方"而设置的，呈方形，坛顶划分为东、南、西、北、中五个部分，铺着青、红、白、黑、黄五色泥土，象征着五方的土地。而百姓的社坛，则只用当地的土。社祭很隆重严肃，体现出我国古代对农业的重视和依赖。"九农成德业，百祀发光辉。"（杜甫《社日两篇》）如今北京仍然保存的"社稷坛"，就是明清皇帝祭祀社神和稷神的场所。其实，现代人

们称的农村公社，也是这个社祭意思的演化。

社祭的时候一般会有精彩热闹的社戏活动，这在娱乐业、传媒业不发达的时代无疑是很大的精神享受。鲁迅先生在《社戏》里谈到这种戏剧节目："大敲，大叫，大跳，使看客头昏脑眩，很不适于剧场，但若在野外散漫的所在，远远地看起来，也自有他的风致。"并津津乐道地写到能连翻八十四个筋斗的铁头老生，"两手在头上捧着一支棒似的蛇头的蛇精，其次是套了黄布衣跳老虎"……想想在田野里在河中泊船远远看戏的感觉，真是别有一番"风致"的。其实这种社戏活动由来已久。早在唐宋时"社日"这天就有类似的民间表演，刘禹锡有："枫林社日鼓，茅屋午时鸡。"范成大有："轻薄行歌过，颠狂社舞呈。"陆游有："深林闻社鼓，落日照渔家。"《石湖诗钞》记载："民间鼓乐谓之社火，不可悉记，大抵以滑稽取笑。"这种社火就是民间的集会、娱乐甚至是狂欢活动。

《荆楚岁时记》里记载："社日，四邻并结综会社，牲醪，为屋于树下，先祭神，然后飨其胙。"每逢社日，人们都要在大树下临时搭起席棚，用牲口和酒来祭拜社神，然后大家坐在一起聚餐，吃不完的还要均分带回家。"田翁逼社日，邀我尝春酒。""今年社日分余肉，不值陈平又不均。""桑柘影斜春社散，家家扶得醉人归。"梅尧臣的《春社》诗写得很生动细致："年年迎社雨，淡淡洗林花；树下赛田鼓，坛边伺肉鸭；春醪酒共饮，野老暮相

哗。"可见社日的喜庆欢腾气氛。到了清代人们把这种社祭活动称为"祈年",而把吃"馂余"、分肉,群饮为欢,称作"打社""饮福""散福"。

6.花朝,百花共生之日。

花朝亦称"百花生日"。晋代时是农历二月十五,宋以后渐改为农历二月十二。这一天,宫廷民间都要剪彩条为幡,系于花树之上,名叫"赏红",表示对花神的祝贺。人们还会相携外出看花游春,非常富有诗意。宋朝吴自牧《梦粱录·二月望》记录了杭州一带花朝节的景象:"仲春十五日为花朝节,浙间风俗,以为春序正中,百花争放之时,最堪游赏。都人皆往钱塘门外……玩赏奇花异木……此日帅守、县宰率僚佐出郊,召父老赐酒食,劝以农桑……天庆观递年设老君诞会……为民祈福。"明末清初文学家、绍兴籍人张岱在《陶庵梦忆》中记载:"西湖香市,始于花朝。"清代顾禄《清嘉录·二月·百花生日》记载:"《诚斋诗话》:'南京亦以二月十二日为花朝。'《宣府志》:'花朝节,城中妇女剪彩为花,插之鬓髻,以为应节。'……蔡云《吴歈》云:'百花生日是良辰,

未到花朝一半春。红紫万千披锦绣,尚劳点缀贺花神。'"

在民间,花朝节还有庙会、游春、晒种祈丰等很多风俗。传说花神专管植物的春长夏养,所以,祀奉她的不仅有花农,还包括耕种庄稼果蔬的农人。长江三角洲一带多花神庙,旧时吴越一带花农家都供奉花神。像苏州古时以种植业为主,尤以茉莉花最盛,人们为感谢茉莉花神,

在虎丘山旁建造了一座"花神"庙，每年农历二月十二日，人们在茉莉花树上遍插红纸小旗，以抑制风雨，祈求晴朗的天气，期望丰收。旧时的花朝节，许多地方的农人还会聚集在花神庙设供，以祝神禧。有的还演戏娱神，由十二名演员扮演十二月的花神。这样的庙会活动通常很热闹，夜里还会提举各种形状的"花神灯"巡游。古时花朝，文人雅士还有邀知己赏春吟诗的习惯。孔尚任的《竹枝词》描写了花朝踏青归来的盛况："千里仙乡变醉乡，参差城阙掩斜阳。雕鞍绣辔争门入，带得红尘扑鼻香。"唐代花朝还要制作花糕。据传武则天嗜花，每到夏历二月十五这一天，都会命令宫女采集百花，和米捣碎蒸制成糕，并赏赐群臣。

现在洛阳一带还有传统食品——牡丹饼，就是由花朝流传下来的。

7.上巳，被灾祈福之日。

"上巳"这个节日乍一听来似乎有些陌生，但是提起三月三，大家都会觉得很熟悉。因为是在三月上旬的巳日，所以叫上巳。上巳这个节日出现

在周朝之前。据《风俗通》记载："郑国之俗，三月三日上巳，于溱洧两水之上，执简招魂，被出不祥。"这种三月份上旬第一个巳日在水边举行招魂禳灾的仪式一直为人们重视。汉代上巳节这天，从皇宫到民间，都会举行"被禊"活动，比如：乘华车、洗素手、蹚春水、钓鱼、射雁、饮酒、吃素等。在电视剧《汉武大帝》中就再现了汉景帝与儿女、宫人共度上巳的场景。三国

时这个节日固定在三月三日。风俗依然是在水边洗濯污垢，祭祀祖先，包括水边饮宴、郊外游春等项目。水边饮宴，就是"曲水流觞"。所谓"流觞"，就是"流杯"，投杯于水的上游，任其随波而下，止于某处，则其人取而饮之。文人雅集，常于此时吟歌作赋。最著名的曲水雅宴要数东晋永和九年的兰亭之集了，王羲之为此留下了"天下第一行书"《兰亭集序》："暮春之初，会于会稽山阴之兰亭，修禊事也。群贤毕至，少长咸集。此地有崇山峻岭，茂林修竹；又有清流激湍，映带左右，引以为流觞曲水，列坐其次……是日也，天朗气清，惠风和畅……"文辞之美，可见当日盛况。曲水宴集之风到唐代尤盛。大诗人杜甫的《丽人行》："三月三日

天气新，长安水边多丽人。"正是描绘的上巳节贵族妇女在曲江池游赏的情景。到了宋代，三月三作为北极佑圣真君的诞辰，各地盛行迎神赛会。《梦粱录》记载："士庶烧香，分集殿庭。诸宫道宇，俱设醮事，上祈国泰，下保民安……迎列于道，观睹纷纷。"

上巳还有一个习俗就是佩兰或杜若。相传周昭王在位二十年时，东瓯越族献来两位女子，一个叫延娟，一个叫延娱，皆美丽纤巧，能言善辩，而且会唱会笑。她们走路不留脚印，太阳下没有影子。一次，她们陪昭王游览长江和汉水，不幸全都随昭王落水而死。江汉一带的人们很怀念她们，就在江边修立了祠堂。十年后，人们经常看到两位女子陪伴昭王泛舟江上，在水边嬉戏。到了上巳节这天，人们都纷纷到祠堂祭祀：有的拿来又甜又新鲜的水果，用杜兰叶包好扔到水中；有的用五彩线包，并把金属系在上面。这样是为了防止蛟龙侵害她们的仙体。后来这个风俗就演变为上巳节这天妇女们佩戴兰花等香草，还有带荠菜花的，宋代赞宁《物类相感志》有："三月三日收荠菜花，置灯颈上，则飞蛾蚊虫不投。"明代田汝成《西湖游览志》有："三月三日，男女皆戴荠菜花。"可见带花都是为了驱除虫邪，祈求吉祥的。

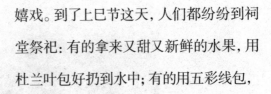

8.清明、寒食，追远游春之日。

关于寒食，《荆楚岁时记》这样记载："去冬节一百五日，即有疾风甚雨，谓之寒食，禁火三日。"说寒食是从冬至之时算起的第一百零五天。一般人们认为清明的前一天为寒食。寒食禁火，旧时官府管制十分严格，如果某家炉中有温度，便将一根羽毛插入炉灰中，羽毛变焦了，便犯了死罪，因此寒食前一日，各家便将炉火泼灭。人们也往往在寒食前几日制作更多的熟食，以备过节时用。

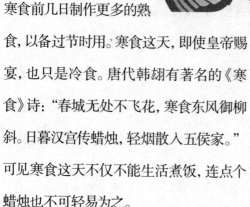

寒食这天，即使皇帝赐宴，也只是冷食。唐代韩翃有著名的《寒食》诗："春城无处不飞花，寒食东风御柳斜。日暮汉宫传蜡烛，轻烟散入五侯家。"可见寒食这天不仅不能生活煮饭，连点个蜡烛也不可轻易为之。

下面说说大家熟悉的清明，由于与寒食接踵，两个节日的风俗早已融合在了一起，比如扫墓追思。"清明时节雨纷纷，路上行人欲断魂。借问酒家何处有，牧童遥指杏花村。"（《清明》），唐代诗人杜牧的这首诗深入人心，清明为何断魂，不外乎是一腔对先人的忆念,而那迫不及待的酒虫,全然不是游赏的杏花春意,含有借酒寄怀的意味,千载而下,读来仍让人黯然生叹。宋代高翥的《清明》诗虽调侃又不失深刻:"南北山头多墓田,清明祭扫各纷然。纸灰飞作白蝴蝶,泪血染成红杜鹃。日落狐狸眠冢上,夜归儿女笑灯前。人生有酒须当醉,一滴何曾到九泉。"更富有放旷豁达的味道。祭祖扫墓是中华文化慎终追远思想的体现,产生于春秋战国时代,盛行于唐,至今已成为清明节的主要习俗,而忙碌的现代人也利用难得的假日与亲人团聚。

古时清明还有折柳戴柳的习俗。妇女和小孩要就近折些杨柳枝,将祭拜撤下的蒸食供品用柳条

穿起来。有的将柳条编成罗圈状，戴在头上，取义"清明不戴柳，来生变黄狗"。清明插柳的风俗传说很多，有的说是为了纪念"教民稼穑"的农事祖师神农氏的。有种说法是，唐末黄巢起义时以"清明为期，戴柳为号"。后来戴柳的习俗渐被插柳所取代。"有

心栽花花不发，无心插柳柳成荫。"杨柳有强大的生命力，柳条插土就活，插到哪里，活到哪里，年年插柳，处处成荫。还有种说法：清明、七月半和十月朔为中国文化中的三大鬼节，是百鬼出没讨索之时。观世音以柳枝沾水济度众生。受佛教影响，人们称柳为"鬼怖木"，认为可以驱鬼。北魏贾思勰《齐民要术》里说："取柳枝著户上，百鬼不入家。"柳在人们心目中具有辟邪的功用。于是在柳条发芽的清明，人们自然要插柳

戴柳以辟邪了。古谚还有"柳条青,雨蒙蒙;柳条干,晴了天"的说法,有的地方把柳枝插在屋檐下,以预报天气。

清明既是节日,又是节令,一般在阳历的四月五日前后。"春雨惊春清谷天",清明是第五个节气。《月令七十二侯集解》中说:"物至此时,皆以洁齐而清明矣。"因为气候的春和景明,古往今来,清明的习俗还很多。古代有蹴鞠、打秋千、放风筝、打马球、斗百草等活动。蹴鞠是古代清明节时人们喜爱的一种游戏。相传是黄帝发明的,最初是用来训练武士的。"鞠"指的是皮球,球皮用皮革做成,球内用毛塞紧。蹴鞠,就是用脚去踢球,因此有人说最早的足球运动在中国。荡秋千是我国古代清明节习俗。秋千,意即揪着皮绳而迁移。最早叫千秋,为了避忌讳而改称秋千。古时秋千多用树丫枝为架,再拴上彩带做成。后来发展成用两根绳索加上踏板的秋千,成为妇女、儿童非常喜欢的娱乐健身活动。苏轼的《蝶恋花》写得意趣盎然："墙里秋千墙外道。墙外行人，墙里佳人笑。笑渐不闻声渐悄。多情却被无情恼。"放风筝也是清明时节人们所喜爱的活动。古时逢清明，人们无论白天或夜间都会放风筝。夜里在风筝下或拉线上挂上一串串彩色的小灯笼，像闪烁的星星，被称为"神灯"。过去人们把风筝放飞之后便剪断牵线，任凭清风把它们送往天涯海角，据说这样能除病消灾，带来好运。如今，清明节依然是人们最重视的节日之一，祭扫、踏青、放风筝、插柳植树都被很好地继承下来。

（二）夏：

夏季枝繁叶茂，团花似锦，生机盎然。这个季节主要的节气、节日有端午、夏至、

伏日等。

1.端午，祭龙品粽之日。

"端"字有"初始"的意思，因此"端五"就是"初五"。按照历法，五月就是"午"月，因此"端五"就演变成了"端午"。《燕京岁时记》记载："初五为五月单五，盖端字之转音也。"民间称端午为"一年三节"之一。

端午节是我国传统节日中叫法最多的一个节日。如端阳、重五、重午、天中、夏节、五月节、菖蒲节、龙舟节、浴兰节、屈原日、午日节、女儿节、地腊节、五蛋节等，每个名称后面差不多都有一个风俗或传说。端阳，据《荆楚岁时记》记载，因仲夏登高，顺阳在上，五月正是仲夏，它的第一个五日正是登高顺阳天气好的日子，故五月初五又有"端阳"之称。重午，午属十二支，农历五月为午月，五、午同音，五、五相重，故端午节又名"重午节"或"重五节"，有些地方也叫"五月节"。古人认为五月五日时，阳重人中天，故又称端午为"天中节"。古人认为"重午"是犯禁忌的日子，此时五毒尽出，因此需要驱邪避毒，在门上悬挂菖蒲、艾叶等，故端午节也有"菖蒲节"之称。端午时值仲夏，是皮肤病多发季节，古人以兰草汤沐浴去污为俗。汉代《大戴礼》云"午日以兰汤沐浴"，故又称端午为"浴兰节"。明沈榜《宛署杂记》："五月女儿节，系端午索，戴艾叶，五毒灵符。宛俗自五月初一至初五日，饰小闺女，尽态极妍。出嫁女亦各归宁。因呼为女儿节。"

关于端午的起源，有五种说法：一是纪念屈原，这是流传最广的说法，据南朝梁代吴均《续齐谐记》和南朝宗懔《荆楚岁时记》记载，我国伟大诗人屈原在此日投江，人们为其

悲愤不已，遂在江中投粽并划船搭救，这就留下了端午食粽和龙舟竞渡的风俗；二是纪念春秋时晋国功臣介子推，这主要流行在山西一带；三是纪念春秋时吴国功臣伍子胥，这是古时吴楚两地的习俗；四是纪念曹娥，流传于浙江一带，据东汉《曹娥碑》记载，曹娥是当时上虞人，父亲溺于江中，数日不见尸体，孝女曹娥年仅十四岁，昼夜沿江号哭，过了十七天，在五月五日投江，五日后抱出父尸；五是祭"地腊"，属道教风俗。据闻一多的《端午考》和《端午的历史教育》研究，端午节原本是祭祀龙的节日，原因有三：一是端午节的两个主要活动——吃粽子和竞渡，都与龙相关。粽子投入水里常被蛟龙所窃，而竞渡则用的是龙舟。二是竞渡与古代吴越地方的关系尤深，吴越百姓还有断发文身"以像龙子"的习俗。三是古有"五彩丝系臂"的风俗，这当是"像龙子"纹身习俗的遗迹。自古以来中华民族都是以龙为图腾，而五月初五就是祭龙圣典最隆重的一天。2011年，国家首次举办"中华龙舟大赛"也是对端午传统文化的继承和弘扬。

2.夏至，白日最长之时。

夏至是二十四节气中较早被确定的一个节气。公元前7世纪，古人用土圭测日影，就确定了夏至。据《恪遵宪度抄本》记载："日北至，日长之至，日影短至，故曰夏至。至者，极也。"夏至一般为每年的6月21日或22日，这天太阳直射地面的位置到达一年的最北端，几乎直射北回归线（北纬23° 26'），北半球的白昼达到最长，且越往北昼越长。夏至以后，太阳直射地面的位置逐渐南移，北半球的白昼日渐缩短。民间有"吃过夏至面，一天短一线"的说法。

《礼记》记载："夏至到，鹿角解，蝉始鸣，半夏生，木槿荣。"鹿的角朝前生，属阳。夏至阴气生而阳气始衰，属于阳性的鹿角便开始脱落；雄性的知了感到阴气之生而鼓翼而鸣；半夏是一种喜阴的药草；木槿此时也开始欣欣向荣，这都说明夏至时阳气至盛、阴气始生的特点。农谚说"夏种不让晌"，夏至时节庄稼等生长最快，所以农事要紧跟农时。农谚说："夏至不锄根边草，如同养下毒蛇咬。"抓紧中耕锄地是夏至时节极重要的增产措施之一。

夏至，又称"夏节""夏至节"。古时夏至，人们会祭神以祈求灾消年丰。《周礼·春官》载："以夏日至，致地方物魈。"周代夏至祭神，意为清除疠疫、荒年与饥饿死亡。《史记·封禅书》记载："夏至日，祭地，皆用乐舞。"夏至作为古代

节日，在宋朝时会为百官放假三天，辽代则更有节日氛围，"夏至日谓之'朝节'，妇女进彩扇，以粉脂囊相赠遗"，清朝风俗是"夏至日为交时，日头时、二时、末时，谓之'三时'，居人慎起居、禁诅咒、戒剃头，多所忌讳……""冬至馄饨夏至面"，在饮食上，北方夏至讲究吃面。从养生角度讲，夏至阳气最旺，宜保护阳气，着眼一个"长"字。因此夏至吃一碗过水的凉面条，既可口消暑也有益健康。

3.伏日，炎热酷暑之日。

伏日就是平时所说的三伏天，即头伏、二伏、三伏。夏至后第三个庚日为初伏，第四庚日为中伏，立秋后第一个庚日为末伏，总称伏日。三伏天是一年中最热的时节，人们为避暑，通常会饮茶、吃瓜果、

冰汁等，还会将绿豆和大米放在一起熬成绿豆粥，以防暑祛病。伏日里人们食欲不振，往往比平时消瘦，所以俗称"苦夏"，北方有些地方以吃生黄瓜和煮鸡蛋来度"苦夏"，入伏的早晨吃鸡蛋，不吃别的食物。三伏天人们身体免疫力会变弱，适当进行体育锻炼有益健康，这也是"夏练三伏"的道理。

"头伏萝卜二伏菜，三伏还能种荞麦"，从农时上讲，入伏后是种秋菜的季节。

（三）秋：

秋季是个丰收的季节，五谷丰登，秋高气爽，人们充满了收获的喜悦。同时，秋季也是一年中气候由热转凉的一个时节，

"秋风萧瑟天气凉，草木摇落露为霜"，秋日又会让人感到低沉和伤感，这也是秋日气质在人类生命情感中丰富多彩的体现。

1.七夕，牛女相会之日。

七夕，即农历的七月七日，这是中华传统节日中最浪漫的一个。传说织女是王母娘娘的女儿，她下凡时与朴实的牛郎相恋，并生下两个可爱的孩子。王母娘娘知道后，大发雷霆，责令织女回天，永不得与牛郎相见。可牛郎锲而不舍，王母娘娘就画出银河为界，将两人阻绝在了河的两岸。这也是晴朗的秋夜，我们看到白茫茫的银河两边，隔河相望、遥遥相对的牵牛星和织女星。后来王母娘娘为牛郎和织女的坚贞所动，就允许二人每年在七夕相见一次。据说这一夜人间看不到喜鹊，它们都飞往银河去为牛郎和织女搭造

相见的鹊桥了。

东晋葛洪的《西京杂记》有"汉彩女常以七月七日穿七孔针于开襟楼,人俱习之"的记载。《荆楚岁时记》说:"是夕(指七夕),陈瓜果于庭中以乞巧。有喜子网于瓜上则以为符应。"喜子是一种小蜘蛛。《开元天宝遗事》说:"七月七日,各捉蜘蛛于小盒中,至晓开;视蛛网稀密以为得巧之候。密者言巧多,稀者言巧少。"《东京梦华录》说,七夕"以小蜘蛛安合子内,次日看之,若网圆正谓之得巧"。所以七月初七又被称为"乞巧节""女儿节",这一天人们摆上时令瓜果,朝天祭拜,通过穿针、看小蜘蛛结网等习俗来向织女乞巧,因为按照传说,织女是个美丽聪明、心灵手巧的仙女,妇女向织女乞求智慧和巧艺,祈祷福禄寿,并期盼美满的姻缘,都是对自由爱情和美好生活的愿望表达。"红烛秋光冷画屏,轻罗小扇扑流萤。天阶夜色凉如水,坐看牵牛织女星。"如今七夕又被认为是"中国情人节"。

另外，七夕还来源于人们对自然的崇拜。古时人们对星星的崇拜远不止是牵牛星和织女星，他们认为东西南北各有七颗代表方位的星星，合称二十八宿，其中以北斗七星最亮，可供夜间辨别方向。北斗七星的第一颗星叫魁星，又称魁首。后来的科举考试中了状元叫"大魁天下士"，读书人也把七夕叫"魁星节"和"晒书节"。

还有一种说法，七夕源于中国人的时间意识。古人把日、月与水、火、木、金、土五大行星合称"七曜"，又以"七曜"来计算"星期"。七夕这一天月和日均为"七"，是"双七"，在时间上有特殊意义。"七"又与"吉"谐音，"七七"有双吉之意，是个吉利的日子。

2.中元，祭祀祖辈之日。

中元，是农历的七月十五。中元节地官降临定人间善恶。"道场普度妥幽魂，原有盂兰古意存；却怪红笺贴门首，肉山酒海庆中元。"中元节期间要请道士日夜诵经，祝福先人能在阴间过上太平的日子，因此中元节又是鬼节。古人认为冤鬼脱离地狱、苦海需要得到阳间人的帮助。

传说观世音菩萨居住在南海，南海盛开荷花，用荷花瓣做成船，船上点着灯，冤鬼们乘上点着灯的船登上彼岸，这就叫做"慈航普度"。这就形成了中元节一个重要的节目即"放水灯"，传说这水灯是为鬼魂引路的。老北京有举行制法船、祭祖、唱"应景戏"等活动，都与送鬼的说法有关。

据说，清代皇宫很重视中元节，年年给过世皇帝、嫔妃做法事祈祝其在阴间安乐或能到达彼岸。慈禧太后最怕鬼，每逢中元祭鬼的日子都做好事，特别是晚年，中元节的前后几天，她对下人特别和善，并且还摆法坛，设水陆道场祭拜亡灵。慈禧死后，宫里为她烧了一次全国最大的法船。这船长十八丈，宽二丈，上有楼殿亭阁，陈设、侍从、篙工数十人形同真人，皆着真衣。并且殿陛阴森，神佛危坐，旁立鬼判，状极狰狞，中立十丈高桅，悬一黄缎巨帆，上书"普度中元"。法船于东华门外沙滩焚烧，烈焰冲天，光照数里。

3.中秋，赏月拜月之日。

中秋，即农历八月十五。古代帝王祭月的时间为农历八月十五，此日恰是三秋之半，故称"中秋节"；又因在秋季八月，且有月圆人圆之意，故又称"秋节""八月节""团圆节"等；又有祈求团圆的信仰和相关习俗活动。中秋节的习俗活动都是围绕"月"进行的。中秋祭月是一种十分古老的习俗。《礼记》记载："天子春朝日，秋夕月。朝日之朝，夕月之夕。"夕月之夕，正是指在夜晚祭祀月亮。也是从周朝开始，中

秋时节祭月的传统便延续下来，北京的月坛就是明清皇帝祭月的地方。这种风俗也逐渐影响到民间，老百姓拜月也蔚然成风，中秋也逐渐成为最隆重热闹的传统节日。《东京梦华录》记载："中秋节前，诸店皆卖新酒，贵家结饰台榭，民家争占酒楼玩月，笙歌远闻千里，嬉戏连坐至晓。"关于拜月还有个美丽的传说，古代齐国丑女无盐，幼年时曾虔诚拜月，长大后，以超群品德入宫，但未被宠幸。某年八月十五赏月，天子在月光下见到她，觉得她美丽出众，于是立她为皇后，中秋拜月由此而来。月中嫦娥以美貌著称，故少女拜月也寄托着一颗纯洁的爱美之心。每当中秋之夜，人们便摆上香案，准备好月饼、西瓜、苹果、红枣、李子、葡萄等供品。西瓜还要切成莲花状。在月下，将月亮神像放在月亮的那个方向，红烛高燃，全家人拜祭月亮，然后由当家主妇切开团圆月饼，按照家中人口均分成数份。如今中秋的习俗虽然不这么细致，但月饼、西瓜、葡萄等却是常有的，这也是一份团圆的喜悦。

这里尤其要说的是月饼。月饼又叫胡饼、宫饼、月团、丰收饼、团圆饼。"八月十五月儿圆，中秋月饼香又甜"，月饼最初是祭奉月神的祭品，后来圆圆的月饼逐渐成为亲人团圆的一个象征，成了中秋的必备食品。其实月饼的起源相当早，它是黄河文明面食文化中的一道奇葩。三千年前的殷周时期，民间就有了为纪念太师文仲的"边薄心厚太师饼"。汉代张骞出使西域，引入胡桃、芝麻等，出现了以胡桃仁为馅的圆形"胡饼"。唐高祖时，李靖出征突厥，于中秋节凯旋，当时恰有一个吐

蕃商人进献胡饼，李渊很高兴，手拿胡饼指着当空的皓月说："应将胡饼邀蟾蜍（月亮）。"随后分给群臣食之，这算是中秋节食月饼的开始。明代《西湖游览志会》记有："八月十五日谓之中秋，民间以月饼相遗，取团圆之意。"明确提到月饼的团圆寓意。

月饼制作越来越精细。袁枚《随园食单》介绍说："酥皮月饼，以松仁、核桃仁、瓜子仁和冰糖、猪油作馅，食之不觉甜而香松柔腻，迥异寻常。"发展到今日，已有京式、苏式、广式、潮式等多种口味，广受南北各地人们的喜爱。

4.重阳，登高赏菊之日。

重阳节，是农历九月初九。又有"登高节""老人节"之说。《易经》中将九定为阳数,九月九日,恰好是双九相重,因此称为"重九""重阳"。重阳的源头,远至先秦以前。《吕氏春秋·季秋纪》记载:"(九月)命家宰,农事备收,举五种之要。藏帝籍之收于神仓,祗敬必饬。""是日也,大飨帝,尝牺牲,告备于天子。"说明当时已有在九月农作物丰收之时祭飨天帝、祭祖的活动。

汉代《西京杂记》说:"三月上巳,九月重阳,使女游戏,就此祓禊登高。"还说:"九月九日,佩茱萸,食蓬耳,饮菊花酒,令长寿。"可见此时已有了重阳节登高,佩茱萸,宴饮,祈求长寿的习俗。"重阳节"的名称始见于曹丕《九日与钟繇书》:"岁往月来,忽复九月九日。九为阳数,而

日月并应，俗嘉其名，以为宜于长久，故以享宴高人。"可见重阳节宴饮在魏晋时期已广为流行。唐代大诗人王维写"遥知兄弟登高处，遍插茱萸少一人"。足见重阳节在人们心中的地位，它承载着深厚的情感意味。九月九谐音是"久久"，有长久之意，所以常在此日祭祖与推行敬老活动。

重阳节有赏菊花、簪菊花的习俗。在汉族古俗中，菊花象征着长寿。九月份秋菊盛开，人们徜徉在菊花丛中，心旷神怡，是有益健康长寿的，所以重阳节又称"菊花节"。"待到重阳日，还来就菊花。"自古人们都喜欢在重阳赏菊赋诗。东晋的大诗人陶渊明是爱菊的瘾君子，"采菊东篱下，悠然见南山"。一代才女李清照也有"东篱把酒黄昏后，有暗香盈袖"，可见文人对菊花吟赏的独特偏好。

重阳节还有插茱萸的习俗，所以又叫"茱萸节"。茱萸可入药、制酒养身祛病。茱萸香味浓，有驱虫祛湿、逐风邪的作用，并能消积食，治寒热。人们认为九月九也是逢凶之日，所以应佩带茱萸以辟邪求吉。茱萸也因此被人们称作"辟邪翁"。

(四)冬：

冬季是四季中最后一季，也是最寒冷的季节。在物候上，冬季没有春季的温暖，夏季的繁盛，秋季的宜人。但在岁时文化中，冬季是在丰收之后，

有着最隆重的喜悦，最集中的庆典和火一般的热情。

1.下元，解除灾难之日。

下元节，是农历十月十五。下元节的来历与道教有关。道教有三官：天官、地官、水官；天官赐福，地官赦罪，水官解厄。三官的生日分别为农历的正月十五、七月十五、十月十五，这就是"上元节""中元节""下元节"。下元节，就是水官旸谷帝君为人解厄的日子。每逢下元节来临，水官下降凡间巡查人间善恶，为人们解除灾难。家家户户张灯三夜，在正厅上挂着一对提灯，并在灯下供奉鱼肉水果等。古代又有朝廷在这一天禁屠及延缓死刑执行日期的规定。

宋吴自牧《梦粱录》载："（十月）十五日，水官解厄之日，宫观士庶，设斋建醮，或解厄，或荐亡。"另外在民间，下元节这一天工匠有祭炉神的习俗，炉神就是太上老君，这也与道教有关。

下元时，人们还要祭祀祖先，并祈求下元水官排忧解难。民间折红绿纸为仙衣，折锡箔为银锭在祭拜时焚化，据说这样可以把这些送给祖先亡灵，让他们在另一个世界宽裕。现在通常用金粉、银粉的锡纸代替，折成"金元宝""银元宝"，然后在祭拜时焚烧。

古时下元节很热闹，有赛神会，有戏曲表演。清代诗人洪亮吉有《南楼忆旧》诗："才过中元又下元，赛神萧鼓巷头喧。年来台阁多

新鲜，都插宫花粉杏园。"描写的就是清代常州地区下元节的热闹和丰富多彩。

此外，下元节人们还有做糍粑、蒸麻腐包子的食俗。

在民间也认为下元节是水官大帝禹的诞辰，因此这一天各地禹庙也会有相关的祭祀活动。

2.冬至，黑夜最长之日。

冬至是二十四节气之一，在北半球这一日昼最短，夜最长。同时这一天也是寒冷天气的极点。古人认为冬至是：阴极之至，阳气始生，日南至，日短之至，日影长之至，故曰"冬至"。过了冬至，白天就会一天天变长，黑夜则慢慢变短。"热在三伏，冷在三九。"冬至之后气候也进入一个最寒冷的阶段，即人们常说的"数九"，所以冬至又称"冬节""交冬"。"冬至一阳生","冬至阳生春又来",从冬至开始,阳气又慢慢回升。

从周代起冬至就有祭祀活动。《周礼·春官》载:"以冬日至,致天神人鬼。"冬至祭祀旨在祈求消除国中的疫疾,减少荒年与人民的饥饿。《易》上说:"先王以至日闭关,商旅不行。"可见冬至节的重要有着古老的传统,《后汉书·礼仪》载:"冬至前后,君子安身静体,百官绝事。"同时,要挑选"能之士",鼓瑟吹笙,奏"黄钟之律",以示庆贺。《晋书》记载:"魏晋冬至日受万国及百僚称贺……其仪亚于正旦。"晋代冬至已成为仅次于元旦的重要节日。到了唐宋,冬至与岁首已经并重。南宋孟元

老《东京梦华录》载："十一月冬至。京师最重此节，虽至贫者，一年之间，积累假借，至此日更易新衣，备办饮食，享祀先祖。官放关扑，庆祝往来，一如年节。"冬至几乎成了过年的先声，这一天皇帝要到郊外举行祭天大典，百姓要向父母尊长祭拜，非常隆重，乃至古谚有"冬至大如年"之说，所以冬至又有"亚岁""如正(新正)"的说法。古时，这一天也是签约和履行各种契约之日。

冬至食俗主要有饺子、馄饨、狗肉等。江浙一带，也会在冬至吃汤圆，取团圆之意。"十月一，冬至到，家家户户吃水饺。"据说这种习俗是因纪念东汉时"医圣"张仲景冬至舍药留下的。张仲景是河南南阳人，著有《伤寒杂病论》，其祛寒娇耳汤被历代医者奉为经典。张仲景曾说："进则救世，退则救民；不能为良相，亦当为良医。"他曾任长沙太守，后辞官回乡，为乡邻治病。当时他看到白河两岸乡亲面黄肌瘦，饥寒交迫，不少人耳朵都冻烂了。便让弟子在南阳东关搭起医棚，支起大锅，在冬至那天舍"娇耳"医治冻疮。他把羊肉和一些驱寒药材放在锅里熬煮，然后将羊肉、药物捞出来切碎，用面包成耳朵样的"娇耳"，煮熟后，分给来求药的人每人两只"娇耳"，一大碗肉汤。人们吃了"娇耳"，喝了"祛寒汤"，冻伤的耳朵就治好了。后人学着"娇耳"的样子，就做成了"饺子"或"扁食"。至今北方还有"冬至不端饺子碗，冻掉耳朵没人管"的说法。

馄饨则寓意钱财。过去老北京有"冬至馄饨，夏至面"的说法。相传汉朝时，北方匈奴经常骚扰边疆，百姓不得安宁。当时匈奴部落中有浑氏和屯氏两个首领，十分凶残。百姓对其恨之入骨，于是用肉馅包成角儿，取"浑"与"屯"之音，呼作"馄饨"。恨以食之，并求平息战乱，能过上太平日子。因最初制成馄饨是在冬至这一天，在冬至这天家家户户都吃馄饨。

古时还有"有者冬至夜，无者过一夜"的俗语。因为有钱的人都过着富足的冬至，而贫苦大众则只能清贫地过夜，如今人们生活富足，再无"富人吃一夜，穷人冻一夜"的情况发生了。

3.腊日，五谷丰登之日。

腊八节是由古代腊祭逐步演化而来

的。五谷丰登
之际，人们便
认为这是天地
诸神以及祖先
护佑的结果，
他们拿出农猎
收获物来祭祀
众神和祖先，
以感谢大自然

的赐予，并祈求来年的风调雨顺，祭祀结
束后，人们还要进行乡宴活动，用刚丰收
的五谷杂粮制作成粥（逐渐演变成腊八
粥），召集四方亲友一起聚餐，犒劳自己，
共享果实，庆贺丰收，欢度佳节。"腊八"
的重要还在于它在春节之前。"腊八"是春
节的序幕，是人们辞旧迎新的开始。

　　"腊八"历史悠久，相传起于秦朝，
最初没有固定的日期，直至南北朝时才将
"腊八"定在每年的农历十二月初八。这
一天有很多富有民族特色的风俗，除了熬

腊八粥，还有做腊八面、泡腊八蒜等。腊八节的风俗非常丰富，在古代中原地区有用腊八粥喂枣树的风俗。他们用刀、斧砍破枣树皮，将腊八粥糊入斧痕喂枣树。这样等到第二年枣树就可以结丰厚的果实了。民间百姓还自行编了一套谚语："砍一斧，结石五，砍一刀，结十稍。"足见人们期盼丰收的心愿。

4.元旦，新年之始之日。

"元"是开始之意，"旦"是天明，元旦，顾名思义就是一年开始的第一天。古时元旦指的是正月一日，又称"元日"。自从实行了西历，中国节日就有了"元旦"和"春节"之别。现在的元旦指的是公元纪年的一月一日，而春节就是我们这里所要谈的"元旦"。

关于元旦还有个传说。上古时候，尧勤政爱民，深受爱戴，可是他的儿子丹朱无才不太成器，最后尧把天子之位禅让给了德才兼备的舜。后来舜又禅位给治洪水有功的禹。人们把尧死后，舜帝祭祀天地和先帝尧的那一天，当作一年的开始之日，即"元旦"或"元正"。历代皇朝都在元旦举行庆贺、典仪、祈祀等活动，如祭诸神、祭先祖，写门对挂春联，书写福字、舞龙灯，民间也逐渐形成祭神佛、祭祖先、贴春联、放鞭炮、守岁、吃团圆饭等娱乐欢庆活动。王安石的《元日》写道："爆竹声中一岁除，春风送暖入屠苏。千门万户曈曈日，总把新桃换旧符。"就写出了元旦这天鞭炮齐鸣、欢天喜

地的热闹场景。

"元旦"一词，最早见于南朝人萧子云的《介雅》诗："四气新元旦，万寿初今朝。"唐朝时房玄龄等撰《晋书》记载："颛帝以孟春正月为元，其时正朔元旦之春。"即称正月为元，初一为旦。宋代吴自牧《梦粱录》记载："正月朔日，谓之元旦，俗呼为新年。一岁节序，此为之首。"其实在时间上，古代的元旦也经历了一些变化。上古三代的元旦，夏代是正月初一，商代是十二月初一，周代是十一月初一，朝代的更迭就会涉及到改正朔，到了秦始皇统一六国，就定下十月初一为元旦。后来司马迁创立了"太初历"，又以正月初一为元旦，和夏制一样，故又称"夏历"，一直沿用到辛亥革命。

1911年辛亥革命后，我国开始使用公历，定公历的1月1日为"元旦"，称"新年"，而把农历的正月初一叫做"春节"。

但在老百姓心目中，这个新"元旦"一直无法和春节相提并论，直到今天，人们说到过年指的仍是农历的春节，可见中华传统文化的坚韧性。

5.除夕，辞旧迎新之时。

除夕，即农历腊月三十日，俗称的"年三十儿"。在现代人们的生活中，除夕是包括在春节过年的长假之中的。从文化心理讲，人们都有怀旧、恋旧的情结，在过年的意识里，除夕承载着辞旧迎新和亲情团聚的双重意味，无疑是过年中最隆重的时刻，其热闹程度甚至超过正月初一的春节。可以说，除夕是中国人最重要的节日。

在除夕到来之前，人们要为迎接春节做好各种准备。做新衣、备佳肴、扫房舍、贴对联、敬门神、贴年画、剪窗花、挂灯笼等等。各地流传着各种过年的民谚，可以说，一进腊月忙忙活活过年的味道就越来越浓了。豫北一带这样说："二十三，祭灶官；二十四，扫房子；二十五，磨豆腐；

二十六，蒸馒头；二十七，杀只鸡；二十八，贴年画；二十九，去买酒；年三十，吃饺子。"在忙碌的准备中人们享受着年的滋味，那是亲人团聚和家庭生活的幸福和快乐。

除夕之夜，最重要的就是全家人在一起吃"团圆饭"。这顿"团圆饭"对于四处奔忙的现代人尤其珍贵。按照传统，这"团圆饭"也有讲究，桌上必须有鱼，象征着"年年有余"。北方人包饺子，南方人做年糕。水饺形似"元宝"，年糕音似"年高"，都是表达着对来年吉祥如意的期

盼。

除夕的灯火通宵不息，鞭炮此起彼伏。苏轼《守岁》说："儿童强不睡，相守夜欢哗。"这除夕守岁的习俗绵延至今。和古时相比，现代人的生活更为丰富，人们会看春晚。当电视上钟声敲响的时候，忙碌、充实、快活的一年就这样被送走了，一元复始，人们的生活在浓浓的节日氛围中，揭开了新的一页。

三、丰富多彩的岁时文化

（一）岁时文化中的酒

中国有着源远流长的酒文化，这种酒文化尤其体现在各种节日当中。酒的发明最初是为了祭祀用，后来成为人们生活中不可或缺的饮品。中国人相聚，必要饮酒一杯。有些节日中所饮的酒还有特别的讲究。

端午节要饮雄黄酒。传说白娘子就是

在饮了雄黄酒之后变成蛇形的，所以端午饮雄黄酒可以辟邪祛秽，让鬼怪妖魔现出原形。有的人家还将雄黄酒撒于屋角，用以驱虫。有的地区还会饮用"菖蒲酒"，唐代殷尧在诗中写道："少年佳节倍多情，老去谁知感慨生。不效艾符趋习俗，但祈蒲酒话升平。"菖蒲酒逐渐在民间流传开来，成为传统的时令饮料，历代帝王也将它列为时令御膳的必需品。

中秋节要饮桂花酒。据清代潘荣陛注的《帝京岁时纪胜》记载，"八月中秋，时品桂花东酒"。我国用桂花酿酒有着悠久的历史，二千三百年前的战国时期，即有"桂酒"，《九歌·东皇太一》中有"奠桂酒兮椒浆"的记载。唐代酿桂酒较为流行。桂酒有开胃、怡神的功效，至今人们还有中秋节饮桂酒的习俗。

重阳节登高、赏菊、饮酒，这酒便是菊花酒。《续齐谐记》说："汉桓帝随费长房游学。谓曰：'九月九日，汝家当有灾危，急令家人做绢囊，盛茱萸，悬臂登高山，饮菊花酒，或可乃消。'景率家人登，夕还，鸡犬皆死。房曰：'此可以代人。'"在这个故事里，菊花酒有保命的神奇功效。《本草纲目》说常饮菊花酒可"治头风、明身目、去萎、消白病"等。因而古人有食菊花的根、茎、叶、花的习俗，还酿制饮用菊花酒。历史上酿制菊花酒的方法不尽相同。晋代是"采菊花茎叶，杂秫米酿酒，至次年九月始熟，用之"，明代是用"甘菊

花煎汁，用曲、米酿酒"，有的还加地黄、当归、枸杞等。清代则是用白酒浸渍药材，而后采用蒸馏提取的方法酿制，因此称为"菊花白酒"。

重阳节人们还饮茱萸酒、黄花酒、薏苡酒、桑落酒等。

酒是中国人餐桌上的必备之物，节日更不可或缺。梁代徐君倩有《共内人夜坐守岁》诗写道："欢多情未及，赏至莫停杯。酒中喜桃子，粽里觅杨梅。"唐代诗人白居易在《客中守岁》一诗中写道："守岁樽无酒，思乡泪满襟。"除夕夜饮用的有"屠苏酒""椒柏酒"等。古时还有"春节饮春酒"的说法，唐人呼酒为春，"春"即是酒。

可见，中国人饮酒是最讲时令、节日和健康养生的。中国人爱酒好酒但不酗酒，其精髓在于饮酒以求健康，这与传统医学及文化的发展有着密切的关系。

（二）地域特色的岁时文化

中国地大物博，幅员辽阔，不同的地域有不同的文化特色，仅以端午和中秋为例，就能看出岁时文化丰富多彩的地域特色。

首先说中秋。北京的中秋正逢各类果品成熟上市，老北京习惯称中秋为"果子节"。《京都风俗志》记载："中秋节前三五日，通畅大街，搭盖芦棚，内设高案盒筐，满置鲜品、瓜蔬。"尤其是前门外和德胜门内

的果子市,节前夜市通宵达旦,果商小贩的吆喝声此起彼伏。而最有意义的中秋节活动便是家人齐聚在庭院内望空设祭,香烛、钱粮具备,叩拜圣神。撤供后再盛设瓜果酒肴,全家人在院中聚饮,称为"团圆酒",同享天伦之乐。

东南沿海一带的中秋有种特殊的习俗叫作"小摆设"。中秋前后,在一些商店、人家中堂上放几张桌子,桌上摆上各种模型,有的人家是文昌神庙,有的是王侯将相的宅邸,有的是封疆大吏的衙门,等等,这些模型多用金、银、铜、锡、木、石等材料做成,精细逼真,很有特色。

再说端午。贵州平坝的端午习俗与中原文化就有所不同。那里的人们晨起后要将菖蒲挂在门首，以驱除邪秽。然后要燃香烛、化帛、拜天地、祭祖先，吃粽子。到了中午，宰鸡一只供上神龛并燃香烛。到了晚上，各家都置办酒肴供天地、祖先，共饮雄黄酒，吃用雄黄酒涂抹过的雄黄肉。此外，还用雄黄酒擦拭儿童的面部及手足心，以防疮毒。另外还把五彩线系在小孩儿的四肢，称为"百岁索"。用芸香屑等做成香包挂在小孩儿的胸前。晚饭后家人给孩子穿上新衣，遍游田野，称为"游百病"。

我国岁时文化的地域差异，是各地自然环境、生产方式、生活习惯、意识形态、宗教信仰存在差异的缘故，而这也构成了我国文化的多

样性和丰富性。

（三）少数民族的岁时文化

中国是个多民族统一的国家，每个民族都有自己的历史和演变进程，在文化发展中各民族相互影响，彼此渗透，既存在共性，又有着自成系统的个性。少数民族的岁时文化作为一种物质文化和精神文化的载体，反映着各民族不同的地理、历史和社会环境以及不同的生活观念。

少数民族的传统节日丰富多样。以贵州为例，由于是多民族聚居，当地的民族节日一年内多达千次。各地少数民族的节日内容，从春天踏青插禾，夏天歌舞游艺，到秋天丰收庆典，冬天祈祥祭祀，千姿百态，丰富多样。如藏族的雪顿节、望果节；阿昌族的火把节；保安族的开斋节、古尔邦节；布朗族的开门节、后南节；布依族的查白歌节；德昂族的会街节；东乡族的圣纪节；独龙族的卡雀哇年节；高山族的泼水节；景颇族的目脑节；基诺族的打铁节；蒙古族的那达慕、马奶节等，真是数不胜数。同时，少数民族的节日还有以下几个特点：

首先是具有原始宗教信仰的特色。西藏南本林县的农村，在庆祝农历新年时，还要祭拜天神、地神、山神、丰收之神、战神等。另外其农业生产性的节日也带有强烈的宗教色彩。少数民族的祭祀节日还很多，如康定地区藏族的四月八转山会，大理白族的绕三灵，纳西族的三朵节，佤族的拉木鼓日，布朗族的祭童、堆沙节，毛南

族的分龙节，布依族的六月六祭田公田母等。这些节日多是出于信仰和崇拜的需要，并未有自觉的审美意识，直到后来这种"神性"的宗教活动才带有了世俗的娱乐色彩，于是就有了宗教需要和审美要求的统一。多元化的宗教信仰，决定了宗教祭祀性节日的多元化审美要求，或肃穆或凝重，或超然或玄妙，体现着不同民族岁时文化的独特韵味。

其次是带有祈祷丰收的色彩。中国是个农业国家，土地是人们赖以生存的基础，少数民族大多从事农、牧、渔的生产。丰收是人们梦寐以求的希望，于是就有了祈祷丰收的节日。早在周代一年之始要祭祀田地，歌舞娱神，祈求当年的丰收。人们击鼓奏乐，歌舞祈年，主旨是祈求先祖农官保佑农业丰收，人畜兴旺。阿昌族、基诺族的常新节，高山族的丰年祭，拉祜族的新米节，瑶族的鱼花节等，都属于这类节日。这些节日寄托着人们对丰年的期盼，对美好生活的追求，它带给人的是无限的想象和愉悦，同时使人们得到心理的满足与安宁。

还有就是少数民族节日中的娱乐性节目逐渐成为人们生活中重要的组成部分，很多少数民族也养成了能歌善舞的习惯。马尔康的赏花节正值农历六月，雪山草地百花盛开，牧草如茵，自然迷人。藏族人民带着食品、帐篷、骏马，成群结队地到村外对歌，赏花饮酒。还有回族、

东乡族、保安族、撒拉族的六月六莲花山花儿会，维吾尔族的麦西来甫，藏族的林卡节、曼拉节、赏花节，彝族的杨梅街跳歌节等，节日中人们唱歌跳舞，开展各项体育娱乐活动，展现出少数民族浪漫热烈欢快的生活景象和优美多姿的民俗风情，体现了少数民族勇敢强悍和乐观积极的精神。

少数民族的岁时文化融合在中国的岁时文化中，使得中华文化凝聚了各民族在长期的生活和劳动实践中对美的寻求，也形成了中华民族文化的包容性和丰富性。

（四）不同历史时期的岁时文化

中国的岁时文化经历了不同的历史时

期，受不同社会状况和背景的影响，其风俗和特点又有演变和发展。以下以唐宋和民国为例来比较说明。

元宵节，农历正月十五。唐宋时称"上元节"，当夜称"元宵""元夜"。唐代开始张灯庆祝，玄宗时连续三夜，蔚然成风，元宵也被称为"灯节"。其重要、热闹、喜庆的气氛要超过元日(年初一)。唐代，长安平时晚上实行"宵禁"，城门紧锁，不准夜行。但元宵期间却开禁，让人自由游赏。这种珍贵的放松的户外夜生活，很有解放性。唐初著名诗人苏味道写《正月十五夜》："火树银花合，星桥铁锁开。暗尘随马去，明月逐人来。游伎皆秾李，行歌尽落梅。金吾不禁夜，玉漏莫相催。"

灿烂多彩的灯火，明亮的月光，来来往往的车马，花枝招展的歌伎唱着流行歌曲《梅花落》招摇过市，这样的夜晚怎能不令人陶醉？

因而诗人祈求"玉漏莫相催"，祈求这个自由、美好的夜晚不要匆匆逝去。

比苏味道晚约半个世纪的崔液，在《上元夜》中描写出了人们外出赏灯的盛况：

玉漏铜壶莫相催，铁关金锁彻夜开。谁家见月能闲坐，何处闻灯不看来？

还有比崔液晚约半个世纪的张祜，也有令人过目难忘的《正月十五夜灯》：

千门开锁万灯明，正月中旬动帝京。三百内人连袖舞，一时天上著词声。

千门大开，万灯明亮，宫女们翩翩起

舞，欢快的歌声响彻云霄，京城的元夜实在令人神往。其实唐朝当时已走向衰落，但灯节依然热闹，可见唐代元宵节的隆重。

到了宋代，元宵更加热闹、绚烂。宋太祖乾德五年(967年)曾下令将灯节延长为五天。元宵期间，汴京(今河南开封市)"灯山上彩，金碧相射，锦绣交辉"(孟元老《东京梦华录》)。

元宵之夜男男女女都外出游赏，也萌生了很多情意绵绵的爱情故事，欧阳修有《生查子》："去年元夜时，花市灯如昼。月上柳梢头，人约黄昏后。"可见元宵在古代有让人想象和神往的风情。

再说民国。随着时代的发展，不再有戒备森严的宵禁，"春节"的重

要性开始凸现出来。辛亥革命后，中国结束了清王朝的统治，同时也宣告数千年的封建帝制消失了。在政治、经济、社会、文化的变化中，岁时文化也悄然发生了变化。尤其五四运动后，西方物质文明与精神文明的东渐，先进知识分子对民主科学的提倡，岁时文化呈现民族化与政治化的倾向，移风易俗大昌。

就说我们前面提到的"春节"。当时采用了公历纪年，以公历一月一日为"新年"，原来农历的正月初一称"春季"。民国的春节从腊月二十三日至正月十五日，很隆重但却简化了不少。拜年时，不需要像封建社会那样"稽首"磕上三个大头，只要"顿首""揖礼"即可。或者在门缝里塞张贺卡也行。当然到了现在，这些传统礼节更加简单，一句"新年好""给您拜年了"就算拜年的礼仪了。打个电话或者发个祝福短信拜年，更是简便。

随着中国与世界的融合，很多洋节日也逐渐中国化，形成了一种富有现代气息的特色风景。当然传统岁时文化中的很多风俗因为长期积淀、传袭，依然鲜活地留在人们的生活中，成为体验中华文化的活化石。

（五）岁时文化的中华民族性格

作为我国独具特色的岁时文化，节日中的仪式、习俗与活动正是其精髓所在。像我们上面提到的春节拜年、磕头、吃饺子、穿新衣、贴春联等活动，都富有浓郁的节日风情。而除夕夜对于极重岁时观念的中国人，尤其具有辞旧迎新的意味。

其实，各种节日习俗和活动都蕴含着

人们对顺利、幸福、平安的祈盼。过年贴的春联，作为中国文化和中国文学一种独特的形式，承载着人们对美好生活的愿望。"新年纳余庆，嘉节号长春""天增岁月人增寿，春满乾坤福满门""生意兴隆通四海，财源茂盛达三江"，无不透露着人们对幸福生活的期待。

中国人重视团圆。除夕夜也就是俗称的大年三十，晚上的年夜饭格外庄重、温馨。有钱没钱，回家过年，不管离家多远，除夕夜都一定要赶回家团聚，一锅饺子、一碗汤圆、一桌酒菜、一桌欢声笑语，都是中国传统文化重亲情、守乡土的体现。年夜饭主食即饺子，阖家欢聚一堂，围坐桌前共享团聚的快乐。饺子里会包上铜钱或硬币，食到者会一年交好运。这是流传至今也未曾改变的古老习俗。

中国人喜欢图吉利，春节穿新衣、戴

新帽，就是为了"辞旧迎新"，图个吉利。

而正月初一起来，要放"开门炮"。头炮必须放响，而且越响越高越好，这样就象征在新的一年里可以大吉大利，若放哑炮，则被认为不祥。家家户户摆香炉，供果饵，还要拜神像，要参拜宗祠，要上祖坟拜祭，家中幼者依次拜尊长，称为"拜岁"。与人相见时要拱手说"恭喜、拜岁、发财、托福"等吉祥话。

中国人喜欢热闹。和春节、端午、中秋

这些家庭团聚的热闹相比，元宵是最公众化的节日，所以人们很喜欢元宵。赏灯、猜灯谜、逛庙会，人们也把这个节日打扮得花枝招展，丰富多彩。尤其是从唐朝延续至今的灯会。元宵之夜，各种灯火姿态各具，异彩纷呈，与明月交辉，人间天上，一片明亮。庙会还有舞龙、舞狮、花鼓等活动，人们欢歌笑语，热闹非凡。再说人们也喜欢端午节的赛龙舟，很热闹，很有精气

神。古时旧俗，这一天所有龙船都集中在龙王庙，焚香燃烛，祭祷龙王后，在龙王头上披上红巾，然后将龙头龙尾迎大舟，龙头置于船鹢，龙尾置于船末。水手数十人，拨桨前进，此时锣鼓大作，船首执旗者，大喊助威。等到胜负即将分晓，两岸观者大声呼叫。取胜者上岸饮酒，然后再进行第二次比赛，直至太阳落山，人们才尽欢而散。

四、岁时文化与中华文化

（一）从岁时文化到岁时文学

  作为有着悠久历史的文明古国，丰富的民族岁时文化是中国文化不可缺少的重要组成部分。中国传统节日形式多样、内容丰富，涉及生产活动、衣食住行、生活礼仪、天文气象、宗教信仰、文化娱乐等方面，凝结着丰富的民族精神和民族情感，承载着中华民族的文化血脉与思

想精华，是维系国家统一、民族团结、社会和谐的精神纽带，是宝贵的传统文化遗产。

岁时文化的重要载体是节日。节日按照历法、节候顺序，在较为固定的时间举行相关的仪式，这便形成了约定俗成的岁时文化。节日文化最能集中体现民族文化的风采和底蕴，像语言一样，它是族群传承文化、交流感情、彰显精神、凝聚人心的重要方式。节日是人类日常生活的精华。它把生活周期区分出各个阶段，集中体现了各阶段的含义，并在节日活动中保留着民族文化最精致、最具代表性的一面。作为非物质文化遗产，节日的文化风俗和传统具有族群认同、社会交际、文化教育、道德教化、文体娱乐、经济贸易以及文化传承的社会功能。

下面我们谈岁时文学。不难理解，岁时文学是岁时文化最重要的存储硬盘，他甚至不惧怕任何民族记忆的格式化，我们在上文的讲述中也可以体会到文学记录岁时的重要性。

首先说节日仪式。唐代宫廷开始，每逢重要节日，皇帝都会宴饮、赋诗以示庆祝和纪念。这种风习也沿袭至清。比如，清代宫廷在元旦之时，会举办重华宫茶宴联句。"联句"是集体创作诗歌的一种方法。相传汉武帝在柏梁台与群臣联句，每人一句，每句同韵，一句一意，是群臣联句作诗的始作俑者，世称"柏梁体"。据载，康熙二十一年（1682

年)正月，康熙大宴百客于乾清宫，93个人仿柏梁体联句。雍正四年（1726年）正月初二，99个人于乾清宫联句。这种通过联句来庆祝春节的仪式流传很久，雅致趣味，也形成了我国古代文化的特色。

其次，还有专门记载岁时风俗、故事的文字作品，这是我国岁时文化的宝贵字典。早在东汉，应邵在《风俗通》中就有对端午五色彩绳的描写："午日，以五彩丝系臂，避鬼及兵，令人不病瘟，一名长命缕，一名辟兵绍。"我国最早的一部以记录古代楚地(以江汉为中心的地区)岁时节令风物故事的笔记——南朝宗懔的《荆楚岁

时记》，详细地记载了自元旦至除夕的二十四节令和时俗。涉及民俗和门神、木版年画、木雕、绘画、土牛、彩塑、剪纸、镂金箔、首饰、彩蛋画、印染、刺绣等民间工艺美术以及乐舞等，这些民俗、民间工艺美术传自远古，延续后世。这部书也开创了我国岁时文学的先河。

再有宋代孟元老的《东京梦华录》、周密《武林旧事》，也多提及风俗、风物。到了明清，岁时文学更是蔚然大观。如《江乡节物词》《清嘉录》《唐宋遗纪》《岁时广记》《岁时杂记》《燕京岁时记》等，都各有特色。

这里，我们还是要强调一下岁时文

学中的诗词。中国是个诗歌的国度，唐宋诗词中有大量作品描写到岁时文化。李白、杜甫、高适、韩愈、欧阳修、苏轼等文学大家都有诗、词、文写到岁时的风俗和情感。张若虚的《春江花月夜》被称为"孤篇横绝"，据说"春江潮水连海平，海上明月共潮生。滟滟随波千万里，何处春江无月明"就是描写的中秋之月，诗中着力描绘了一幅春江潮涨、江海相连、月潮共生、江天一色、波澜壮阔的画卷。一个"生"字，赋予了明月与海潮鲜活的生命，成为流传千古的佳作。白居易《邯郸冬至夜思家》写道："邯郸驿里逢冬至，抱膝灯前影伴身。想得家中夜深坐，还应说着远行人。"抱膝枯坐与影为伴的描写，孤寂之感、思家之情溢于言表，这便是中国人最普遍的乡愁。元代盍西村《小桃红·江岸水灯》是描写元宵的名作："万家灯火闹春桥，十里光相照。舞凤翔鸾势绝妙，可怜宵，波间涌出蓬莱岛。香烟乱飘,笙歌喧闹,飞上玉楼腰。"这支小令以点面结合的方法,用"闹""照""翔""飘"等一系列跃动感强烈的词语,描写出元代临川地区元宵水上灯船的奇幻妙境,成为我们追慕文化遗产的一个参照。

(二)岁时文化的精神内涵

中华民族历史悠久,源远流长。中国传统节日,凝结着中华民族的民族精神和民族情感,承载着中华民族的文化血脉和思想精华,是维系国家统一、民族团结和社会和谐的重要精神纽带,是建设社会主义先进文化的宝贵资源。在中华民族的历史发展进程中,传统节日以其丰富的文化内涵滋养着民族的生命力、创造力和凝聚力,推动着中华文化历久弥新,不断发展壮大。在

岁时文化中所蕴涵的民族精神，更彰显了一个民族的文化精髓。

岁时文化体现了中国人重礼仪的精神内涵。这是人与人之间、民族与民族之间和谐美满的重要纽带。中国的传统节日，以一种潜移默化、寓教于乐的形式，展示了中国人的精神世界，表达着对美好的理想、智慧与伦理道德的追求和向往，是弘扬中华民族优秀传统文化和传承传统美德的重要载体。中华民族优秀传统文化的"忠、孝、诚、信、礼、义、廉、耻"等价值观念充分体现在传统节日的诸种仪式、活动和风俗之中。

岁时文化体现了中国人崇尚自然的精神内涵。中国的传统节日根植于中国古代农业的社会文明。几乎每个节日都是一个节气，这是古代劳动人民在长期的农业生产实践中对大自然的运行规律的总结。在节日的选择上体现了顺应自然、崇尚自然的理念，人们按照气候的周期规律进行农业生产，在节日中祈盼农业生产的风调雨顺、富裕安康，体现了农耕文明的精神实质。同时，也阐释了中国传统文化天人合一的思想。清明节踏青娱乐，端午节划船竞赛，中秋节仰望明月等，这些活动都可以让人们亲近自然，感觉到岁时、物候、天人的变化。农业文明的春种、夏锄、秋收、冬藏的生产规律与岁时相适应，循环往复，不仅形成了科学的历法，也丰富了古代的岁时文化。

岁时文化还体现了中国贵人伦的精神内涵。"伦理本位"是中国文化的基本特征。中国的传统节日都有贵人伦、重亲情的特点，这是维系中国社会人际关系的情感纽带。如合家团聚，是现代人春节和中秋两个节日的重要内涵。贵人伦还

体现在对孝道的重视。每个节日几乎都有对祖先的祭祀仪式，表达对先人的怀念和追思。重阳节叫作"老人节"；端午节又称"女儿节"，妇女回娘家，女婿看望岳父岳母等，都体现了我们传统文化中的孝道。甚至广义地说，中国传统节日都有加强血缘亲族关系、巩固家庭成员亲属观念的作用。清明节时，人们用扫墓祭祀来寄托对逝者的哀悼及怀念。

因此，我们研究传统节日，是对民族精神的追求，是对人生态度的探索，是为了更好地传承民族文化。传统节日的价值就在于它彰显民族情感，昭示人生意义，滋养民族精神，它是中华优秀传统道德教育的有效载体。

（三）岁时文化的文化价值

我国岁时文化的形成既有相对稳定的节气、节日，又有特定的风俗礼仪和民间活动，具有民族性、群体性、社会性、本土性的文化特征。传统节日蕴含着工业文明以前的原始文化与农业文明的文化信息。世代相传的节日习俗、节庆礼仪，共同构成了我们民族生活的方式，传递着祖先留下的精神文明财富。

首先，发扬岁时文化是传承民族传统的重要途径。传统节日是民族实践认知的重要标志，节日起源于先民对时间的感受和经验，不同地域、民族的人对时间的认知方式存在差异。雷夫金说："时间带着口音发言，每个文化都有一套独特的时间纹路。了解一个民族，就是在了解居民看待时间的价值。"中国传统节日是民族文化的集中体现，是民众内在的时间意识和文化观念，同时也是民族文化传统周期性复现的重要标志。

民族文化在当代社会更多的是隐藏在后台，或者说作为一种文化底色而存在。在经济全球化的今天，由于对各种文

化的更广泛的包容，人们的生活和思想日益趋同。而通过各种节俗活动，在耳濡目染中让人们自觉理解接受，作为一种定期进行传统教育的方式，自然使得传统文化在人们的意识中得到延续和加强。

其次，传承岁时文化可以提高民族自信心。民族自信心是维护民族尊严与文化本位的精神基础，一个民族如果缺乏自信，就在精神迷茫中失去了自己的民族位置。在当今全球化的浪潮中，在经济一体化的挤压下，面对强势文化的巨大压力，民族自信心显得更为重要，保持高度的民族自信是自立于世界民族之林的重要保证。民族自信并不是空洞的浮夸与盲目的自大，民族自信需要强大的实力作为支撑，最根本的就是需要深厚的文化基础。岁时文化就是这样一种重要的载体。

岁时文化蕴含了传统文化的魅力。人们通过节日饮食、节日仪式、节日信仰与传统等集中展示了民族文化的精华。

在节日活动中，纪念先人，触摸民族的灵魂，回归文化根本。这种回归传统的复现和重复，自然会使民族自信心大大增强。

第三，传承岁时文化是发展民族新文化的基础与凭借。传统节日在当代社会不仅是传统文化的载体，同时也为民族文化传统的创新与发展提供了基础。随着节日习俗的演进，我们常常看到民众依托节日而进行的文化创造。人们在节日活动中不断将天神俗化成人格神，继而创造出人们与具有高尚情操的历史人物的情感联系。如端午节本来是驱邪避疫，祈求平安的节日，但在六朝时期，由于历史趋势，人们将它与爱国诗人屈原联系起来，将龙舟竞渡与节日食粽的习俗都解释为追悼屈原。从而将一个普通的民俗节日上升为具有重大伦理意义的节日。

任何民族文化的创新，都离不开既有的历史文化基础。如今，传统的岁时文化同样构成民族文化创新发展的基础，

新的具有民族特色的节日文化的形成应该是从中国节日文化传统中汲取营养而发展壮大的。

岁时文化是我们民族文化的遗产，它是整个民族情感、知识、智慧、伦理规范的凝聚。它是我们创造民族新文化的凭借，也构成了我们现实生活的一部分。从产生上看，包括岁时文化的传统文化已成为过去，但其中优秀的精华部分，作为鲜活的基因已融入了我们的生活。岁时文化的价值与作用不仅让我们找寻到了中华民族的历史坐标，也深刻影响着我们民族文化发展的未来。

（四）古老岁时文化的现实意义

2008年起，我国对公休假期进行了调整，把清明节、端午节、中秋节等三大传统节日列为法定节假日，同时将春节放假时间提前至除夕。在圣诞节、情人节、愚人节等洋节时兴之时，国家从制度层面上确立了传统节日在社会生活中的地位，具有特殊的时代意义。

岁时文化可以增进现代人对自然和历史的尊重。岁时文化的来源就是自然物候的变化。春节、元宵节、清明踏青、元宵赏月、重阳辞青等，都是踏着自然的节拍进行的。今天我们倡导的和谐与传统文化中的天人合一有相通之处。这种对自然规律的认识与把握，是对古老的天人合一的思想精神的传承，也有利于进一步端正我们审视和利用自然的态

度。传统节日是我们中华民族的历史文化遗产，蕴含着丰富的文化内涵，是民族成员情感、知识、智慧、伦理规范的凝聚。重视岁时文化有利于我们审视自己，继往开来。

岁时文化是现代人的文化表达方式，蕴含着对民族历史和文化的独特理解。节日中的那些祭祀、聚会或饮食风俗，既包含了娱乐或休闲的成分，又有特定的人文取向。通过节日的种种仪式，将趋利避害的自然本能、智慧、机智敏捷发挥得淋漓尽致，使喜怒哀乐、悲欢离合等

民族情感得以充分地表达，表明中华民族是一个极富责任感、极富想象力的民族。

岁时文化是现代人的情感表达方式。"每逢佳节倍思亲"，传统节日里最容易唤起对亲人、对家庭、对故乡、对祖国的情感，唤起对民族文化的记忆，对民族精神的认同，唤起同宗同源的民族情、文化同根性和亲和力。传统节日里，整个中华民族的精神世界涌动着共同的情感和期盼，这是令人激动和自豪的事情。岁时

文化能够增强民族凝聚力。每逢春节、中秋，海内外华人华侨，中华民族儿女无不欢欣鼓舞，普天同庆，这是振奋民族精神、弘扬民族文化、发扬民族传统、增强民族凝聚力和认同感的契机。这种富有人文内涵的情感价值很珍贵。

岁时文化也有利于现代人的思想教育。我们看到，传统文化节日蕴含着丰富的教育资源，是对人们特别是青少年进行思想政治教育的重要途径。我国的传统节日是中华民族几千年的历史文化沉淀，是一种重要的非物质文化遗产。岁

时文化蕴涵着传统的价值观念、思维模式、伦理道德、行为规范、审美情趣，如果我们以传统的岁时文化为契机，把思想信息寓于能给青少年带来欢乐体验的活动之中，在节日文化中渗透思想道德教育，能有效地改变当前思想教育政治工作大多采取空洞说教而容易引起青少年逆反心理的局面，取得较好的社会效果。